365 pensamentos
para crescer *na* fé

365 pensamentos para crescer na fé

Paulinas

Título original da obra:
366 Pensamientos para crecer en la fe
© 2012 – Bogotá, D.C. – Colombia

Direção-geral: *Bernadete Boff*
Textos: *Paulinas Colômbia*
Tradução: *Maria Inês Carniato*
Copidesque: *Ruth Mitzuie Kluska*
Coordenação de revisão: *Marina Mendonça*
Revisão: *Sandra Sinzato*
Gerente de produção: *Felício Calegaro Neto*
Assistente de arte: *Ana Karina Rodrigues Caetano*
Produção de arte: *Telma Custódio*

1ª edição – 2013
8ª reimpressão – 2022

Nenhuma parte desta obra poderá ser reproduzida ou transmitida por qualquer forma e/ou quaisquer meios (eletrônico ou mecânico, incluindo fotocópia e gravação) ou arquivada em qualquer sistema ou banco de dados sem permissão escrita da Editora. Direitos reservados.

Paulinas

Rua Dona Inácia Uchoa, 62
04110-020 – São Paulo – SP (Brasil)
Tel.: (11) 2125-3500
http://www.paulinas.com.br – editora@paulinas.com.br
Telemarketing e SAC: 0800-7010081
© Pia Sociedade Filhas de São Paulo – São Paulo, 2013

Introdução

Este pequeno livro traz testemunhos de fé dos santos, que são luzes no caminho da Igreja, e pensamentos de políticos, filósofos, poetas, escritores, psicólogos, cantores, atletas que revelam a face mais profunda da vida: a fé e a confiança em Deus. Nestas páginas você encontra breves palavras de esperança para cada momento de seu dia.

A fé é um dom de Deus que nos permite não só alcançar a felicidade eterna junto dele, mas também viver com amor, alegria, confiança e coragem suficientes para nunca desanimar quando a vida nos trouxer dificuldades.

Que, ao ler estas mensagens, você sinta a presença de Deus nos acontecimentos de sua própria história; com a certeza de que a fé o leva a vencer o desânimo e a assumir a parte que Deus nos confia, em seu plano de amor.

O Papa Bento XVI, na Carta Apostólica *Porta fidei* (Porta da fé), convida-nos a "contemplar a fé que cresce como experiência de um amor que se recebe e se comunica como experiência de felicidade". Que as virtudes da fé ajudem você a imprimir em sua vida os critérios da caridade, conforme os ensinamentos do Evangelho.

1

A fé não é visível nem
se pode tocar, porém
você pode senti-la no coração.

Bárbara Cage

2

Sem a fé, ninguém vive.
A fé é o conhecimento
do significado da vida humana.
É a força da vida.
Se o homem vive,
é porque crê em algo.

Leon Tolstoi

3

O amor traz a vida, a amizade
traz a luz e a fé traz a salvação.

Zenaida Bacardí de Argamasilla

4

Conservem a chama que Deus
acendeu em seu coração.
Não permitam que se apague,
alimentem-na cada dia,
compartilhem-na com os que
procuram uma luz
para o caminho.

Bento XVI

5

Ter uma vida de fé não significa
ser passivos e acomodados.
Antes, é fazer tudo
do melhor modo que podemos
e depois ficar em paz.

Anne Wilson Schaef

6

Quem é de Deus procura a fé,
a paciência, a justiça,
a mansidão.

Primeira Carta a Timóteo 6,11

7

Crer é ver tudo como Deus vê.
José Luis Rey Repiso, sj

8

A pessoa e o que ela realiza
medem-se pela grandeza de sua fé.
Adolfo Kolping

9

Quem perde a fé perde tudo.
Eleanor Roosevelt

10

É a fé que nos dirige
através de
oceanos turbulentos.

Mahatma Gandhi

11

Pelo conforto da fé,
enfrentamos com coragem
nossas angústias e dores.
Ela nos confirma na caridade
e conserva em nós a esperança.

Maria Eugenia Cugat

12

A fé começa
onde termina o orgulho.
Félicité Robert de Lamennais

13

O alimento do espírito é a fé.
Fréderic R. Couson

14

Três dons recebemos de Deus:
a fé, a esperança e o amor.
Primeira Carta aos Coríntios 13,13

15

A fé surge da comunicação
e a comunicação se realiza
pela Palavra de Cristo.

Bento XVI

16

Se tivésseis fé como
um grão de mostarda,
diríeis a esta figueira:
"Arranca-te e planta-te no mar!".
E ela vos obedeceria!

Evangelho de Lucas 17,6

17

Pobre de quem em nada crê!
A fé é indispensável
para o ser humano.

Victor Hugo

18

Eu rezo quando tenho fé, mas,
quando minha fé esmorece,
sinto apenas desejo de rezar.

Emílio L. Mazariegos

19

Sabemos que a fé
consiste em crer
naquilo que a razão
não pode entender.

Voltaire

20

A verdadeira fé está
onde o ser humano e o amor
se encontram.

Rabindranath Tagore

21

É vazia a fé sem reflexão.
Todo aquele que tem fé reflete.

Santo Agostinho de Hipona

22

Só em Deus
encontramos descanso!
Dele vêm nossa força e salvação.
Confiemos e descansemos nele
o coração.
Só Deus é nosso refúgio.

Pino Madero

23

Deus está sempre contigo.
Confia nele
e contemplarás os resultados.

Jesus Ben Sirac

24

A fé que se concretiza no amor
torna-se o critério
de pensamento e de ação
que transforma a vida.

Bento XVI

25

Viver a fé é compartilhar os
valores por ela inspirados.

Bento XVI

26

A vida é uma dádiva,
mas morrer
aos interesses egoístas
é um dom maior,
para quem espera com fé
nas bem-aventuranças.

Alicia Beatriz Araújo

27

O ser humano precisa da fé
para viver e para agir.

Alfonso Milagros

28

Quem confia jamais se cansa.

Francisco Quevedo y Villegas

29

A fé só cresce e se torna mais
forte quando de fato cremos.

Bento XVI

30

É preciso reencontrar
o valor da fé na vida cotidiana,
na experiência pessoal.

Isaías Duarte Cancino

31

A fé recebida
é amor.
A fé comunicada
é alegria.

Bento XVI

32

A confiança recíproca
nos traz a certeza
de que vale a pena
crer na humanidade.

Sergio Jeremias de Souza

33

É a fé que te sustenta
quando outros desistem.

Bárbara Cage

34

Cultivar a fé pela oração
é permitir que nossa lâmpada
permaneça acesa.

Emilio L. Mazariegos

35

A fé
é uma pequena chama
que resiste à neve
e à tempestade.

Cardeal Döpfner

36

Com fé,
uma muralha é uma cortina.
Sem fé,
uma cortina é uma muralha.

Anônimo

37

Muitas vezes,
é quando os sonhos se frustram
que a fé se fortalece.

Rodney McBride

38

Todos são filhos de Deus
pela fé em Jesus Cristo.

Carta aos Gálatas 3,26

39

O ato de fé é deixar-se guiar
pelo próprio Deus
e ir renovando a opção
de trilhar o caminho
que se abre aos nossos olhos.

Hugo C. García

40

Não podemos honrar
a Deus nosso Pai
de melhor modo que
por uma confiança sem limites.

Santo Afonso Maria de Ligório

41

Na fé não existe espaço
para o desespero.

Mahatma Gandhi

42

Na vida, qualquer
grande realização
dá o primeiro passo por fé.

Schlegel

43

A fé
é a substância daquilo
que se espera,
a certeza do que não se vê.

Carta aos Hebreus 11,1

44

É pela virtude da fé
que já sentimos
o calor do lar,
enquanto ainda estamos
preparando a lenha.

Miguel de Cervantes Saavedra

45

A pessoa que tem fé em si mesma
não exige que os outros
acreditem nela.

Miguel de Unamuno

46

Disciplina pessoal
e fé constante em si
levam-nos a alcançar
qualquer meta.

Mariana Medina

47

A esperança
desperta a certeza
de que é possível crer
em um futuro melhor.

Amedeo Cencini

48

É urgente a necessidade
de recuperar a fé
na vida de cada dia.

Isaías Duarte Cancino

49

A fé é a luz que ilumina
o caminho a seguir.
É a resposta
para todas as objeções.

Alfonso Milagros

50

Nossa fé, quando é verdadeira,
traz consigo uma
gama enorme de boas obras.

Sergio Jeremías de Souza

51

Não temas.
A vida é infinita como o mar.
Aceita-a com suas marés,
sua espuma,
suas algas e sua luz.

Zenaida Bacardí de Argamasilla

52

A fé realiza o que
à razão natural é impossível.

Santa Teresa de Ávila

53

Tudo se torna possível pela fé!

Dwight Lyman Moody

54

Compreendemos pela fé
que o universo vem de Deus.

Carta aos Hebreus 11,3

55

A expressão da fé
que mais agrada a Deus
é a esperança.

Charles Péguy

56

A fé em nós mesmos
leva-nos a adentrar
em nosso interior
como em um templo,
na procura da perfeição.

Maria Eugenia Cugat

57

A fé tem dois ingredientes:
nossa confiança nas pessoas
e o que as pessoas
esperam de nós.

Johann Fichte

58

É preciso viver a fé,
para nela saber educar
e ajudar alguém a crescer,
sobretudo com o testemunho
de nossa própria vida.

Carlos Marín Gutiérrez

59

As dificuldades colocam à prova
a nossa fé e a nossa esperança.

José Eusebio Gómez Navarro

60

A fé é a força
para todas as provações.

Alfonso Milagros

61

O contrário da fé não é a razão,
mas a superstição.

Vittorio Messori

62

Crer em ti mesmo
para ter coragem
de defender aquilo em que crês:
eis tua fé.

Bárbara Cage

63

Não é papel da fé
fazer alguém feliz,
e sim fazê-lo mais feliz.

Martin Gardner

64

Os seres humanos são capazes
de fazer milagres quando possuem fé.

Thomas Carlyle

65

Sustentados pela fé, olhamos para
o mundo com esperança.

Bento XVI

66

Quem tem fé agradece antes
de alcançar a graça que pediu.

Bem-aventurado Timóteo Giaccardo

67

O universo com toda a sua
harmonia e formosura
é um caos para o olhar sem fé.

Juan Valera

68

Longe de ser simples aceitação
de verdades abstratas,
a fé é relação íntima com Cristo,
que nos leva a abrir o coração
ao mistério do amor e a viver
como pessoas amadas por Deus.

Bento XVI

69

A fé de uma pessoa
sela suas ações,
modela as escolhas
e resplandece no olhar.

Santo Tomás de Aquino

70

A fé viva e protegida
é o melhor caminho
para o desenvolvimento
do ser humano,
criado à imagem de Deus.

José Luis Rey Repiso, sj

71

A fé é um bálsamo
que suaviza todas as dores.

Alfonso Milagros

72

A fé que não atua será fé?

Jean Baptiste Racine

73

A fé é o poder de Deus
à nossa disposição.

Anônimo

74

Deus não quer a nossa passividade.
Ele espera que façamos
o nosso trabalho com fé
e confiemos nos planos
que ele teve ao nos criar.

Anne Wilson Schaef

75

A fé é uma corda forte,
que estendida e forçada
não se rompe nem na tempestade.

Robert C. Chapman

76

O grande perigo que ronda
o cristão é proclamar
e não praticar,
crer e não viver.

Santo Antônio de Pádua

77

Também a nós, a fé conduz.
Seguimos sua luz segura,
no caminho que nos leva a Deus
e à sua Pátria celestial.

São Pio de Pietrelcina

78

É próprio da fé
fazer-nos humildes
nos grandes sucessos da vida.

Santa Clara de Assis

79

Só a fé em Cristo
pode salvar do desespero.
Esta fé que inegavelmente
é fonte de boas ações.

Clive S. Lewis

80

Pela fé,
vemos todos os seres humanos
como companheiros de viagem
rumo à eternidade.

Bem-aventurado Tiago Alberione

81

Ter fé é construir
sobre o que sabemos que está aqui,
para alcançar
o que sabemos que está além.

Cullen Hightower

82

É preciso viver
e não somente conhecer a fé.

Bem-aventurado João Paulo II

83

Uma pessoa sem fé navega
à mercê das circunstâncias.

J. C. Hare

84

Uma pessoa de fé
permanece fiel à verdade.

Mahatma Gandhi

85

Olha com fé e esperança
na direção do futuro
e verás que este é o teu tempo.

Padre Juca

86

A fé e o conhecimento
são duas dimensões
da certeza interior.
Porém, a fé engloba
todas as condições do saber,
por mais exato que ele seja.

Oswaldo Spengler

87

Deus se deixa conhecer
por todas as nações mediante a fé.

Carta aos Romanos 16,26

88

A fé revela mais verdades
do que veem os olhos.

Francisco Quevedo

89

Viver de fé é julgar os fatos
à luz da eternidade.

Santo Alberto Hurtado

90

Observando tua vida cotidiana,
podes deduzir
de que medida é a tua fé.

Franz Jalics

91

Uma pequena fé é suficiente
para levar-nos ao céu.
Mas uma grande fé
traz o céu até nós.

Charles Spurgeon

92

No mundo da fé,
o visível e o invisível se encontram
em uma só realidade.

José Luis Rey Repiso, sj

93

Podemos aprender muito
com os sofrimentos,
se os contemplamos
com o olhar da fé.

Alicia S. Lamadrid

94

Pecadores e ignorantes são
enviados a anunciar o Evangelho,
para que se compreenda que a fé
vem de Deus e não da eloquência
nem da doutrina humana.

São Beda, o Venerável

95

A fé torna mais leve
o fardo dos que estão cansados,
angustiados, tristes.

Carlos A. Quintero

96

A fé não é apenas uma virtude.
É a porta sagrada por onde
passam todas as virtudes.

Enrique Lacordaire

97

Acolher a necessidade da fé
é o primeiro sentimento
de um coração
que anseia por crer.

Sergio Jeremias de Souza

98

A fé não é invisível,
o coração a enxerga.

Zenaida Bacardí de Argamasilla

99

Pouca fé se credita
aos que tem pouca fé.

Lao-Tsé

100

Quem perde sua fé
não tem mais nada para perder.

Publio Ciro

101

É mais fácil morrer
repleto de fé do que sem ela
arrastar-se pela vida.

José Ortega y Gasset

102

Não desconfies de Deus,
nem do apoio das pessoas,
nem de tuas próprias capacidades.
Levanta-te com mais confiança
a cada dia,
mesmo apesar dos fracassos.

Vainjo

103

A fé em Deus precisa ser ativa.
Não basta rezar e pedir favores,
se não agimos por amor:
melhorar a cada dia
por amor aos inimigos;
e melhorar o mundo por amor
a todos os que nele vivem.

Maria Eugenia Cugat

104

Todas as coisas são inconstantes,
exceto a fé, que muda todas as
coisas porque as enche de luz.

James Joyce

105

A fé não se opõe
aos nossos mais altos ideais.
Ao contrário,
eleva-os e os aperfeiçoa.

Bento XVI

106

Talvez eu deva esquecer e
simplesmente confiar que um
dia recolherei o que por mim foi
semeado. Então, a cada passo,
terei a certeza do caminho
por onde devo andar.

Anne Wilson Schaef

107

A fé verdadeira
é um amor que se faz oferenda.
A fé e o amor
caminham lado a lado
e se completam mutuamente.

Madre Teresa de Calcutá

108

Quando sofremos com fé,
esperança e amor,
crescemos em dignidade
e nobreza.

José Luis Rey Repiso, sj

109

Que a generosidade te inspire
e tua fé se torne eficaz.

Carta a Filêmon 6

110

A fé é um fato extraordinário!
A fé profunda,
sólida e autêntica
é um dos fenômenos
mais interessantes que
o ser humano experimenta.

Tierno Galván

111

Faz da oração o teu caminho
e da fé o início de tudo
que realizas.
As duas são necessárias
em nossa vida.

Héctor Bohórquez

112

O coração é a porta que abrimos
ao dom da fé.

Bento XVI

113

Se a semente for espalhada
com fé e a planta, cuidada com
perseverança, os frutos serão
recolhidos, com certeza.

Thomas Carlyle

114

Como dom de Deus,
a fé brota de nosso coração,
qual fonte que sacia o peregrino.

Sergio Jeremias de Souza

115

A fé é serenidade na tormenta
e amparo nas dificuldades.

Bárbara Cage

116

Se tiveres fé, alcançarás o objetivo
de teus anseios.

Sri Ramakrishna

117

A fé fortalece a liberdade e
a liberdade fortalece a fé.

José Luis Rey Repiso, sj

118

O sofrimento chegará também
para ti, por muitos motivos.
Aprende, portanto,
a tudo entregar ao Senhor e
confiar a ele as tuas dificuldades.

Pino Madero

119

A fé é uma opção radical
de resposta humana a Deus
que se revela.

Isaías Duarte Cancino

120

Procura não perder a fé, porque sem ela, cairias em um precipício.

Zenaida Bacardí de Argamasilla

121

Deixa que Cristo te encontre.

Bem-aventurado João Paulo II

122

Não é a doutrina que sustenta a fé e sim o coração.

Alexander McLarem

123

A fé vê o invisível,
crê no inacreditável
e recebe o impossível.

Corrie Ten Boom

124

Ter fé não é só crer
no que não vimos.
É crer no que ainda
não estamos vendo.

Miguel de Unamuno

125

Ver os outros como irmãos
e não como inimigos
é próprio de quem tem fé.

Javier Abad Gómez

126

O que me enche de admiração
não é a incredulidade,
mas a fé.
O que me surpreende
não é o ateu,
mas o cristão.

Bento XVI

127

A razão e a fé são as duas margens de um único rio.

Doménico Cieri Estrada

128

A fé é um oásis no coração.

Khalil Gibran

129

A fonte da realidade é a fé, porque ela é a própria vida.

Miguel de Unamuno

130

Oh, fé! Se estás comigo,
aventuro-me a conquistar o
universo, a fazer das estrelas
meu abrigo, a enxergar
com bom humor
as maiores adversidades.
Facundo Cabral

131

Pela fé,
nossos nomes estão escritos
no Livro da Vida.
Bento XVI

132

Em meio ao abismo da dúvida,
cheio de escuridão e de sombra,
existe uma estrela,
que mana reflexos sublimes, sim,
mas silenciosa e muda.
Esta luz que a nossa alma inflama,
já sabeis, *fé* se chama.

Rubén Dario

133

A esperança se faz nossa amiga ou se aproxima se a tivermos afastado por meio só da fé.

Maria Eugenia Cugat

134

Dá o primeiro passo com fé.
Não é preciso que vejas
a escada inteira.
Basta que subas
o primeiro degrau.

Martin Luther King

135

A fé lhe pede que esteja em paz
consigo mesmo,
para sintonizar a voz de Deus
que fala em seu interior.

Morges

136

O amor é um ato de fé.
Quem tem pouca fé
também dará pouco amor.

Eric Fromm

137

Se aquilo em que cremos
é inacreditável,
é também inacreditável
que naquilo possamos crer.

Santo Agostinho de Hipona

138

A pessoa de fé
é eterna em sua esperança.

Lucas Fernández de Ayala

139

A fé absoluta
é uma possibilidade para todos.

Anne Wilson Schaef

140

A maneira de ver com os olhos
da fé é fechar os olhos da razão.

Benjamim Franklin

141

Tudo o que eu já vi me ensina
que devo confiar no Criador
que eu ainda não vi.

Ralph Waldo Emerson

142

Toda a justiça humana terrena
tem seu fundamento verdadeiro
só na fé nas verdades
reveladas por Deus.

Adolfo Kolping

143

Tu crês porque viste.
Felizes os que creem
sem terem visto!

Evangelho de João 20,29

144

Pede e receberás.
Procura e encontrarás.
Bate e a porta se abrirá.
Pois quem pede recebe,
quem procura encontra
e a quem bate a porta é aberta.

Evangelho de Mateus 7,7-8

145

Os sistemas de pensamento
exercitam o entendimento,
porém só a fé o ilumina e conduz.

Jean-Baptiste Poquelin Molière

146

Cada etapa de nossa peregrinação
deve ser marcada pela fé.
Não fazemos a experiência
de crer de uma vez por todas.
Vamos renovando a fé
a cada dia de nossa vida.

Douglas Moo

147

A fé é um dom
sem o qual não se pode ir à igreja
nem permanecer na Igreja.

Cardeal Newman

148

A fé se refere
ao que ainda não se vê.
A esperança,
ao que ainda não está
ao alcance da mão.

Santo Tomás de Aquino

149

Por meio de nossa vida,
a fé brilha no mundo.

Bento XVI

150

A fé é a fonte da realidade
porque é a vida. Crer é criar.

Miguel de Unamuno

151

A fé em ação é amor e o amor
em ação é serviço.

Madre Teresa de Calcutá

152

Tu tens fé e eu tenho ações.
Mostra-me a tua fé sem ações
e eu, pelas ações,
te mostrarei a fé.

Carta de Tiago, 2,14

153

Quando Deus resolve os teus
problemas, tu tens confiança
nas suas habilidades.
Quando Deus não resolve
os teus problemas, ele tem
confiança nas tuas habilidades.

Anônimo

154

Pela fé,
os mártires entregaram suas vidas
como testemunho pela verdade
do Evangelho.

Bento XVI

155

A fé é a decisão de viver
com a certeza de que
o que vemos não é tudo.

Roger Garaudy

156

Se tens fé, sentirás que
o caminho da virtude
e da felicidade é muito curto.

Quintiliano

157

A fé sem caridade não produz
frutos e a caridade sem a fé seria
um sentimento sob o constante
oscilar da dúvida.

Bento XVI

158

É infinitamente mais belo
deixar-se enganar dez vezes
do que uma única vez
perder a fé na humanidade.

Heinz Zschokke

159

Eu vos asseguro:
tudo o que pedirdes com fé,
na oração, vós recebereis.

Evangelho de Mateus 21,22

160

Amor e fé
precisam um do outro,
de modo que só um
possibilita ao outro
seguir o seu caminho.

Bento XVI

161

Pela fé, reconhecemos melhor
a Deus no ser humano.

José Luis Rey Repiso, sj

162

O mais sublime ato de fé
é aquele que
sobe aos nossos lábios na noite,
na imolação, na dor,
no esforço incansável
em busca do bem.

São Pio de Pietrelcina

163

Jesus é Senhor do impossível.

José Luis Rey Repiso, sj

164

O amor tem em sua essência
algo do Deus que nos criou;
a amizade tem algo do anjo
que cuida de nós;
e a fé tem algo de Cristo
que nos salva.

Zenaida Bacardí de Argamasilla

165

Eu tenho fé em Deus
e Deus tem fé em mim.

Edwin Louis Cole

166

Quando não podemos ver
o rosto de Deus,
vivamos na confiança
sob a sombra de suas asas.

Charles Spurgeon

167

Assim como o corpo
sem o espírito está morto,
também a fé sem as obras
é morta.

Carta de Tiago, 2,28

168

Graças à fé, podemos reconhecer
naqueles que esperam
o nosso amor a face
do Senhor Ressuscitado.

Bento XVI

169

O fruto do silêncio é a oração.
O fruto da oração é a fé.
O fruto da fé é o amor.
O fruto do amor é o serviço.
O fruto do serviço é a paz.

Madre Teresa de Calcutá

170

As ideias que surgem da fé
produzem e atraem ações
mais eficazes.

Silo

171

Se hoje estás abatido,
tem confiança nos céus e
prossegue na luta com passos fortes.
Verás como tudo superas,
apesar das dificuldades.
Deus é teu amigo
e já premiou a tua fé.

Mario Garrido Lecona

172

A fé é acolhida do ensinamento
e da mensagem de Jesus que
chega a nós por meio da Igreja.
Nossa fé se dirige a algo real:
a Boa Notícia do Evangelho.

Luis Augusto Castro

173

Seja firme em sua fé,
pois o caminho da vida
aqui na terra é uma peregrinação
de dificuldades.

José de Sousa Nobre

174

Muitas pessoas
têm esperança sem ter fé.
A esperança é a flor do desejo,
mas a fé é o fruto da certeza.

Honoré de Balzac

175

É muito difícil a tarefa
dos militantes da não violência.
Porém nenhuma dificuldade
pode abater as pessoas que têm fé
na própria missão.

Mahatma Gandhi

176

Quando faço as coisas
do melhor modo que posso
e me despreocupo com o resultado,
estou confiando em Deus.

Anne Wilson Schaef

177

Fé e razão
são duas asas com as quais
o espírito humano se eleva
até a contemplação da verdade.

Bem-aventurado João Paulo II

178

Sem fé é impossível
agradar a Deus.
Quem deseja se aproximar
de Deus precisa crer que ele existe
e atende aos que o procuram.

Carta aos Hebreus 11,6

179

A fé não é um manjar
para ocasiões especiais.
É o pão do qual
vivemos todos os dias.

Anônimo

180

A fé é o solo no qual
plantamos os nossos sonhos
para que possam crescer.

Elizabeth Toussaint

181

Se não podes mudar
o que te faz sofrer, aceita-o,
ainda que seja entre lágrimas.
Se crês em Deus,
tudo se tornará mais leve para ti.

José Luis Rey Repiso, sj

182

Creio no sol
também quando não brilha.
Creio no amor
também quando não se manifesta.
Creio em Deus
também quando ele não fala.

Robert Schuller

183

Você já se deu conta de que a fé
é mais forte naquelas pessoas
que poderiam ser chamadas de
"mais débeis"?

Madame de Staël

184

Nada existe de mais maravilhoso
neste mundo do que
a transformação por que passa
a alma quando nela desce a luz
da fé sobre a luz da razão.

William Bernard Ullathorne

185

Obstáculos insuperáveis
poderiam ser colocados
em cada passo difícil,
porém Deus está contigo,
como guia em teu caminho.

Anônimo

186

A fé é a companheira da vida
que nos permite distinguir com olhos
sempre novos as maravilhas
que Deus faz por nós.

Bento XVI

187

As provas da vida
são prelúdios da alegria
e da esperança
às quais conduz a fé.

Bento XVI

188

Sejam as tuas súplicas
ouvidas ou não,
seja que as pessoas
te decepcionem ou não,
seguirás em frente.
Rezarás, amarás,
confiarás e irás adiante.

Siobhan McKenna

189

Ainda que a fé nos faltasse,
Deus permanece fiel.

Carta a Timóteo 2,13

190

Ter fé significa continuar a crer,
apesar daquilo
que não podes compreender.
A cada novo salto de fé
que tu exijas de ti mesmo,
teu coração conhecerá
mais plenitude.

Siobhan McKenna

191

Ter fé não significa
que não se tenham dúvidas.

Barack Obama

192

O apelo à fé chega a nós
pelo ouvido e também pelos olhos.
Os sinais externos nos recordam
o transcendente e nos falam
do Eterno.

José Luis Rey Repiso, sj

193

Confia no Senhor e faz o bem,
vive na terra e conserva-te fiel.
Ama o Senhor com ternura e ele
realizará os teus desejos
mais profundos.

Salmo 37,3-4

194

Pela fé, o Espírito nos torna
primícias para Deus.

Segunda Carta aos Tessalonicenses 2,13

195

Acreditem na força
invencível do Evangelho,
contem com ele e coloquem a fé
como fundamento de sua esperança.
Jesus caminha com vocês,
renova-lhes os corações e lhes
infunde a força de seu Espírito.

Bem-aventurado João Paulo II

196

O encontro face a face
com o Criador pressupõe o desejo
de ir até ele.
A fé é nossa força propulsora
para caminhar nesta direção.

Sergio Jeremias de Souza

197

Cremos, sobretudo,
porque é mais fácil crer
do que duvidar.
E, além disso, porque a fé é a irmã
da esperança e da caridade.

Alexandre Dumas

198

É a fé que nos permite
reconhecer a Cristo e é
o seu próprio amor
que nos impulsiona a socorrê-lo,
sempre que ele se faz
nosso próximo no caminho da vida.

Bento XVI

199

Uma fé que nós mesmos
podemos determinar não é,
em absoluto, uma fé.

Bento XVI

200

Conserva vivos os teus sonhos.
Não se esqueças de que
para alcançar alguma coisa,
precisas de fé e confiança
em ti mesmo,
ampla visão do que queres,
tenaz trabalho,
determinação e dedicação.

Gail Devers

201

Na fé,
somos peregrinos nesta terra.

Carta aos Hebreus 11,13

202

Tanto Deus amou o mundo,
que lhe deu seu Filho Único,
para que todo o que nele crê
não pereça,
mas tenha a vida eterna.

Evangelho de João 3,16

203

A fé, separada do amor,
não é fé,
mas mera ciência desprovida
de experiência espiritual.

Emanuel Swedenborg

204

Minha paz
não provém do que posso fazer,
mas de minha confiança
no que posso fazer.

Anne Wilson Schaef

205

Todas as épocas de fé
foram grandes e
todas as épocas de incredulidade
foram mesquinhas.

Ralph Waldo Emerson

206

A fé é o dom do Deus
que nos perdoa.

José María Siciliani

207

A fé se ri do impossível.

Provérbio escocês

208

Coragem! Sou eu.
Não tenham medo!

Evangelho de Mateus 14, 27

209

Creio em um só Deus
e em nada mais;
e espero a felicidade
para além desta vida.

Thomas Paine

210

A fé é uma ponte que une as orlas
mais distantes do mundo,
sobre o vazio entre o que é
e o que deveria ser;
entre os que os nossos olhos veem
e o que crê o nosso coração.

Carlos G. Vallés

211

Uma mente impregnada de emoções positivas converte-se em uma habitação favorável para o estado mental conhecido como fé.

Napoleón Hill

212

Procurar Deus é encontrar-se consigo mesmo. Se tens fé, moverás o mundo.

Facundo Cabral

213

Ter fé é decidir-se
a estar com o Senhor
e viver com ele.

Bento XVI

214

Onde está o direito
de nos gloriarmos pelas obras?
Já não existe.
Por qual lei?
Pela lei da fé.

Carta aos Romanos 3,27

215

Se temos fé,
podemos ver aquilo
que é impossível,
transformado em uma realidade.

Pedro Pantoja Santiago

216

Os dois fortes báculos
que nos apoiam
e tornam mais segura
a travessia da vida
são a fé e o amor.

Maria Eugenia Cugat

217

A fé tem coração, sangue e nervos.
Não é uma abstração.

Cardeal Newman

218

Grande parte do mistério divino
nos é inacessível por falta de fé.

Heráclito

219

O essencial da fé é crer naquilo
que não se vê.

Bourdaloue

220

O que importa é sempre
recomeçar confiando em alguém.
Seguir adiante como peregrinos
e como povo, caminhando
e crescendo na mesma fé,
alimentando a mesma esperança e
nutrindo o mesmo amor.

Padre Juca

221

Ter fé não é sondar o universo
sem reverenciar nele
um mistério maior do que nós.

Rabino David Wolpe

222

Precisamos libertar-nos
da falsa ideia de que a fé
nada mais tem a dizer
aos homens de hoje.

Bento XVI

223

Onde há fé existe amor;
onde há amor existe paz;
onde há paz aí está Deus;
e onde Deus está nada falta.

Blanca Cotta

224

Não te satisfaças só
por saber que Deus existe.
Procura senti-lo
nas manifestações conscientes
do teu próprio espírito.

Carlos Bernardo González Pecotche

225

Quando o conhecimento
se inclina e se reconhece
inferior à fé,
Deus o plenifica com mais luz.

Mariano Aguiló

226

Com calma e fortaleza,
com fé e serenidade,
fica mais leve a dor.

José Luis Gago de Val

227

Existe um poder, o da fé,
ao qual tudo se inclina.
No mundo espiritual,
o fracasso provém
de uma só causa:
a falta de fé.

Andrew Murray

228

A fé
é a rocha sobre a qual
se constrói
a felicidade duradoura.

Adam Jackson

229

Pela fé,
surgem os milagres,
como repetia Jesus
em cada uma de suas curas.

Maria Eugenia Cugat

230

Considero a fé
como o mais precioso bem
do qual se possa usufruir
neste mundo.

Anatole France

231

Se a fé não fosse
a primeira das virtudes,
seria sempre
o maior dos consolos.

Fernando Caballero

232

Crer em Deus
é um instinto
tão natural na pessoa
como o de andar
sobre duas pernas.

G.C. Lichtenberg

233

A esperança é fabulosa.
Quando sustentada pela fé,
forma um par invencível.

Anne Wilson Schaef

234

O coração, e não a razão,
é quem sente Deus.
Isto é a fé:
Deus se faz sensível para o coração
e não para a razão.

Blaise Pascal

235

A fé é a paixão pelo impossível
e tem na esperança
a sua companheira inseparável.

Soren Kierkegaard

236

Apagarei de meu vocabulário
frases como "vou desistir",
"não posso", "é irrealizável".
São ditos de quem
não tem fé em si,
nem em Deus.

Og Mandino

237

Só a missão
que foi levada a termo é eterna
como o Criador do Universo.

Thomas Carlyle

238

O princípio da inquietação
é o fim da fé.
O começo da verdadeira fé
é o fim da inquietação.

Jorge Müller

239

Cada salto no vazio
é uma questão de fé.
Nada jamais se repete
como da primeira vez.

Fito Páez

240

A fé é uma relação viva
com aquele em quem cremos,
uma relação que abraça
a vida eterna.
Se não for assim, é irreal.

Martin Buber

241

Creio em Deus
como o cego crê no sol.
Não porque vê,
mas porque sente.

Phil Bosmans

242

A fé no cristianismo
está baseada em evidências.
É fé racional.
No sentido cristão,
a fé vai além da razão,
mas não a contradiz.

Paul Little

243

A tristeza olha para trás;
a preocupação olha ao redor;
a fé olha para o alto.

Anônimo

244

Foi pela fé que Moisés caminhou
como se visse o invisível.

Carta aos Hebreus 11,27

245

A fé é o amor ao invisível
e a confiança no impossível.

Johann Wolfgang Von Goethe

246

A fé espera de Deus o que está
além de toda expectativa.

Andrew Murray

247

Pouco importa a forma ou
as palavras que usamos para orar.
O realmente importante
é a fé com a qual
nos apresentamos a Deus,
na oração.

Dietrich Bonhoffer

248

A fé não é crer que Deus
pode fazer,
mas crer que ele realmente o fará.

Anônimo

249

A pessoa que segue
totalmente o Senhor
é aquela que crê
que suas promessas
são totalmente confiáveis.

Watchman Nee

250

A fé precisa tão só
de uma vida sincera,
não de altivez intelectual
nem de aprofundamento
nos mistérios de Deus.

Thomas de Kempis

251

É preciso abandonar a ideia
de que a fé é um heroísmo
espiritual para poucos.
É verdade que existem
heróis da fé, porém a fé
não é só para heróis.

Forsythe

252

Com o coração cremos
e com os lábios
anunciamos a fé.

Carta aos Romanos 10,10

253

A verdadeira fé
jamais revela contradições
entre suas palavras e sua conduta.

Anônimo

254

Começa fazendo
o que é necessário,
continua fazendo o que é possível;
quando vires,
o impossível estará nas tuas mãos.

São Francisco de Assis

255

A fé constrói uma ponte
entre este mundo e o outro.

Young

256

Ter fé é crer que o Senhor,
capaz de fazer milagres,
pode transformar
o meu coração de pedra
em uma chama de amor
por aqueles
que nunca conseguiram amar.

Pamela Reeve

257

Você serve a um Deus
que faz pactos eternos.

William Gurnall

258

Acredita:
quando estás na presença de Deus,
podes ter tudo o que procuras.
Todo o poder de Deus
estará ao teu dispor
na medida de tua fé.

Smith Wigglesworth

259

A fé não é fadiga, é repouso.
É converter para o amor
e o perdão divino
todo o esforço que antes fazíamos
para nos sentirmos bem.

Horatius Bonar

260

Basta-me contemplar
um fio de grama
ou um punhado de terra
para confirmar que Deus existe.

Isaac Newton

261

A incredulidade move a guerra
enquanto a fé promove a paz.

Rumi

262

Na hora da verdade,
é bem pouco o que sabemos da fé.
Esquecemo-nos de que ela é
uma experiência e não uma ideia.
Quando a reduzimos
a conceitos e ideias, a fé se perde
em um emaranhado de palavras.

Anne Wilson Schaef

263

Eu nunca vi o meu coração
nem ao menos sei exatamente
como funciona, porém sinto
o seu pulsar: estou vivo.
Tampouco vi a Deus
e o seu mistério me transcende,
porém, sei que ele me ama.
Eu o amo e não necessito
saber muito mais.

José Luis Rey Repiso, sj

264

Deus jamais abandona os seus!

Luis de León

265

A fé não age no campo
da possibilidade.
Não há glória de Deus
naquilo que a nós é possível.
A fé começa
onde termina o poder humano.

Jorge Müller

266

Podemos optar por ter fé.
Depois que a recebemos, estamos
preparados para qualquer coisa.

Anne Wilson Schaef

267

A fé que só serve para me livrar
da tribulação não é fé em Deus.
Quer ele me liberte, quer não,
continuarei a crer que ele é amor.
Isto significa ter fé,
porque algumas experiências
só se alcançam ao passar pelo fogo.

Oswald Chambers

268

Deus ama infinitamente as pessoas
cujos corações se apaixonaram
pelo impossível.

William Booth

269

A fé genuína e o amor verdadeiro
são como as pipas
com que brincam as crianças.
Os ventos contrários
as elevam para mais alto.

Anônimo

270

Para a razão,
dois mais dois são quatro.
Para a fé,
dois mais dois podem ser dez.

Anônimo

271

No meio da escuridão e da névoa
de uma vida difícil,
a fé nos faz contemplar,
com o olhar de Deus,
o futuro de nossa história
e de nossas vidas.

José María Siciliani

272

Ter fé é crer no que não vejo
e receber o dom
de ver aquilo em que creio.

Santo Agostinho de Hipona

273

A fé cristã é fé em Cristo.
Seu valor não está em quem crê,
mas naquele em quem se crê;
não em quem confia,
mas naquele no qual se confia.

John McDowell

274

A fé é fundar-se em Deus;
apoiar-se em Deus;
confiar em Deus;
saber que somos um dom de Deus.

José María Siciliani

275

Eu compreendi
que existem três etapas
em toda grande obra de Deus:
a primeira: que é impossível;
a segunda: que é muito difícil;
e a terceira: que já foi feita.

James Hudson Taylor

276

A fé nunca mostra
o que o futuro nos reserva,
porém ela revela
quem guarda o nosso futuro.

Salvador de Lima

277

Tudo está nas mãos de Deus.
Nossos sentidos captam
somente a ação das criaturas,
mas a fé vê em tudo
a ação de Deus.

Juan Pierre de Caussade, sj

278

Ter fé significa
ser estranho para o mundo e
empreender o caminho para Deus.

Anselm Grün

279

A fé é a mais alta das paixões.
Nada conseguiríamos
se em nossos propósitos
faltassem os sonhos que lutam
por serem realidades.

Soren Kierkegaard

280

Se a fé move montanhas,
o amor a Cristo
toca o inatingível.

Giselle

281

A obra de Deus é esta:
que creiam naquele
que ele enviou.

Evangelho de João 6,29

282

Deus encontrará mil maneiras
de manifestar-se em tua vida.
Mantém, pois, os olhos de fé
na expectativa de descobrir
os sinais com que ele
se mostrará.

Félix Eduardo Osório Jaramillo

283

Saibam que a fé provada
dá frutos de paciência
e a paciência
alcança os seus objetivos
de modo perfeito e íntegro,
sem que nada lhe falte.

Carta de Tiago 1,3-4

284

Jesus, creio em ti,
espero em ti
e a ti me entrego no amor.

Santo Afonso Maria de Ligório

285

Jesus nos ensina a amar
a vontade do Pai e a ser fortes
diante das dificuldades,
por maiores que elas
nos possam parecer.

Pino Madero

286

Esperar é acreditar
que a realidade não é hostil,
que a vida não é inimiga
e que o outro pode ser próximo.
Deus me escuta.

Amedeo Cencini

287

A fé é fundamental na vida cristã.
Dela nascem todas as virtudes
e a própria santificação.
Porém a fé deve ser filial,
como a de um filho para com o Pai;
filhos que agradecem,
amam e confiam muito,
porque este Pai é Deus.

Bem-aventurado Tiago Alberione

288

O amor é consequência da fé!

Anselm Grün

289

É preciso agir como se tudo
só dependesse de nós
e colocar-nos de joelhos como
se tudo só dependesse de Deus.

Moeller

290

Se Deus veste assim
a erva que hoje está no campo
e amanhã será queimada,
com maior razão vestirá a vocês,
gente de pouca fé!

Evangelho de Mateus 6,30

291

A fé interpreta a nossa vida
com o olhar de Deus
e vê Deus em tudo.
Deus fala em todas as coisas
de minha vida,
acompanha-me nas dificuldades
e está em mim.
Seu espírito me anima
e me impulsiona.

Anselm Grün

292

A fé é fruto do desejo de crer.

Cardeal Newman

293

Antes, eu pedia ajuda a Deus.
Depois, perguntei se ele
queria a minha ajuda.
Por fim, pedi que realizasse
o seu projeto por meio de mim.

Diego Arbeláez

294

A fé é um estado mental
que pode ser condicionado
por meio da disciplina.
Pode-se conquistar a fé.

Bruce Lee

295

A fé é o elemento químico
primordial da mente. Quando
a fé impregna o pensamento,
o subconsciente capta as vibrações,
as traduz no seu equivalente
espiritual e as transmite
para a Inteligência Universal,
como no caso da oração.

Napoleón Hill

296

Age como se tivesses fé
e a fé nascerá em ti.

Paul Newman

297

Muito é possível
para quem tem esperança.
Mais ainda é possível
para quem tem fé.
E muitíssimo mais,
para quem sabe amar.

James Dobson

298

A fé não pode sobreviver
se não for enraizada na solidez
de uma confissão religiosa.

Jean Delumeau

299

A oração precisa do apoio da fé.
Jesus colocava esta condição
para a cura dos enfermos
que se aproximavam dele.

José Miguel Miranda Arraiza, ocd

300

A compreensão
é a recompensa da fé.
Portanto, não procures crer
que podes compreender,
mas compreende que podes crer.

Santo Agostinho de Hipona

301

A confiança em ti mesmo
é a tua melhor carta
de apresentação,
porém melhor ainda é a fé,
que permite aos teus sonhos
se tornarem reais.

Héctor Bohórquez

302

A missão dos pais é amar,
ajudar a crescer com fé
e dar forças
que sustentem a esperança.

Anônimo

303

A fé nada reprime
e tudo compreende.
No meio do meu vazio
e do meu deserto,
nasce também uma fonte.
No meio de minha escuridão,
brilha também uma luz.

Anselm Grün

304

A fé faz tudo possível
e o amor faz tudo fácil.

Anônimo

305

Quando deixo de desejar só
milagres para mim,
torno-me mais pacífico
e mais consciente de que Deus
está aqui, agora.
Ele olha para mim e me conduz,
ainda que eu nada sinta.

Anselm Grün

306

Do silêncio nasce a oração;
da oração nasce a fé
e da fé nasce o amor.

Dieter

307

A fé se desenvolve
a partir de um amor que se recebe
e se comunica como experiência
de graça e de felicidade.
Faz-nos fecundos porque amplia
o coração pela esperança
e nos permite dar
um testemunho fecundo.

Bento XVI

308

Vem do coração a Palavra da fé
que anunciamos.

Carta aos Romanos 10,8

309

Se a nossa fé
nos liberta da preocupação,
então preocupar-se
é como insultar a Deus!

Robert Runcie

310

A oração
que transforma o pecador
e cura o enfermo
vem da fé absoluta
em que para Deus tudo é possível.

Mary Baker Eddy

311

A fé não é só uma questão
de conhecimento.
É também uma questão
de sentimento.

José Luis Rey Repiso, sj

312

A fé é entusiasmo,
é uma condição de excelência
intelectual que devemos
conservar como um tesouro,
e não desperdiçar
em aparências vazias.

George Sand

313

De vez em quando,
contempla com atenção algo que
não foi feito por mão humana:
uma montanha, uma estrela, um rio.
Virão a ti a sabedoria, a paciência,
a consolação e, acima de tudo,
a certeza de que
não estás só neste mundo.

Sidney Lovett

314

Muitas vezes, a fé é mais eficaz
do que os medicamentos.

Carvajal

315

A fé é individual.
É a profusão de caminhos
com os quais expressamos
a nossa unicidade e os dons
que o Criador nos concedeu.

Anne Wilson Schaef

316

Com os olhos da fé,
descobrimos que no outro
existe uma semente de Deus
e que o próprio Cristo está nele.

Anselm Grün

317

A oração desperta na pessoa
uma atitude de louvor e
agradecimento a Deus.
Aumenta nela a fé
e a confirma na esperança.

José Miguel Miranda Arraiza, ocd

318

Foge das paixões
e vai ao encontro da justiça,
da fé, da caridade, da paz,
da união com todos os que invocam
o Senhor com um coração puro.

Segunda Carta a Timóteo 2,22

319

Só se alcança a fé por um
caminho de subida, em cujo
trajeto poderemos tropeçar e cair
muitas vezes.

Maria Eugenia Cugat

320

A fé dá sentido à nossa vida.
Por ela, Abraão,
sensível ao chamado de Deus,
saiu em direção à terra
que ia receber.
E saiu sem saber para onde ia.

José Eusebio Gómez Navarro

321

Só o temor e a falta de confiança
nos obrigam a precisar ter
controle sobre tudo. Sem dúvida,
o abandono em uma confiança
amorosa ajuda-nos a revelar
o mais humano e, portanto,
o mais divino que existe em nós.

Bert White

322

Entregar-se a Deus na fé é
entregar-se ao profundo núcleo
transcendente de si mesmo.

Xavier Zubiri

323

A fé conduz para além dos
simples dados históricos palpáveis.
É capaz de captar o mistério
da pessoa de Cristo
em sua profundidade.

Bento XVI

324

A fé em Deus transforma
a vida por inteiro, porque
muda a capacidade de perceber
a realidade de todas as coisas.

Fernando Sebastián

325

A reflexão sobre a fé,
mais do que revelar as
"substâncias atemporais e imóveis",
conta a história do encontro
entre Deus e o ser humano, nas
diferentes formas em que se deu,
tal como narra o Livro Sagrado.

Carlo Rocchetta

326

A confiança em si mesmo e,
acima de tudo,
em Deus alcança conquistas.

José Luis Rey Repiso, sj

327

Ter fé é crer que o Reino de Deus
já chegou.

Joachim Jeremias

328

Apenas na inteligência
a fé se vê perdida.
É em nossas ações que ela,
sem dúvida,
encontra sua consistência.
Na verdade,
não podemos falar sobre a fé,
podemos somente vivê-la.

Anne Wilson Schaef

329

Deus uno e trino, tenho fé em ti.
Sei e tenho certeza de que tudo
o que tu és, o és para mim e
tudo o que prometeste o realizarás.

Andrew Murray

330

Tanto a fé quanto a esperança
exigem um salto
para o desconhecido.
E nisto está a dificuldade
e também o mérito de cada uma.

Carlos G. Vallés

331

No fundo do coração de uma
pessoa de Deus, existe um mar.
E, por suas ondas alegres,
os Céus cantam.

Rumi

332

A fé é uma
vivência pessoal profunda.
Crer, para os cristãos,
está na linha do ser, do viver,
da mais profunda capacidade
de sentir a vida humana.

Carlos Marín Gutiérrez

333

Estejam sempre alegres no Senhor!
Eu o repito: estejam alegres!
Que o mundo inteiro conheça
a alegria de vocês.
O Senhor está próximo,
nada os preocupe.

Carta aos Filipenses 4,4-7

334

Dizem que sou otimista
e eu acredito.
A razão deste otimismo é
a minha grande confiança em Deus.

Pedro Arrupe, sj

335

Fé e razão são atitudes diferentes,
porém não significa
que estejam distantes,
porque as duas se encontram
ancoradas na inteligência.

Caín Gudel García

336

Se eu creio que Deus me criou
como um ser bom, que ele me ama
e me aceita como sou,
terei que tratar bem a mim mesmo.

Anselm Grün

337

Não te assustes da vida.
Lembra-te de que vale a pena viver
e teu pensamento
se tornará realidade.

William James

338

A pessoa de fé é aquela que
resolveu todos os seus problemas
porque se vinculou ao mistério
e acolhe o mistério
como uma solução.

Tierno Galván

339

Todos nós somos chamados
a crer e esperar
em um mesmo Pai.

Carta aos Efésios 4,5

340

Quando este dia
ante a noite ceda, quem dissipará
as sombras do nada?
A fé, talvez,
que anuncia outra alvorada,
como o pássaro oculto na alameda.

José de Diego

341

É a fé na presença do Senhor
que nos envolve pela felicidade
e nos impulsiona a viver
em permanente alegria.
É a confiança no Senhor
que nos faz transbordar
de paz e fortaleza.

José Eusebio Gómez Navarro

342

Precisamos repetir com insistência:
"Senhor, eu creio,
mas aumenta a minha fé!".

José Miguel Miranda Arraiza, ocd

343

Nenhum dos dissabores
de uma vida agitada pôde abalar
ou racionalizar a minha fé.
Eu tinha experimentado de fato
o sentimento protetor da inocência,
da eterna infância de Deus.

Paul Claudel

344

A fé conduz um processo
que leva para o profundo
de nosso ser e para muito além
de nossa compreensao.

Anne Wilson Schaef

345

O caminho de fé, de santidade,
de vida, exige também paciência.
A paciência cristã, antes de ser
segurança ou resignação,
nasce da esperança.

José Eusebio Gómez Navarro

346

A virtude da esperança
sustenta nossa espera ali onde
humanamente não há motivo
algum para esperar.

José Eusebio Gómez Navarro

347

Deus me inspirou
ao nascer a fé em que vivo.
Para cantá-la, deu-me uma
gigante voz e um coração altivo.

José Zorrilla

348

Do mesmo modo como vocês
se distinguem na fé, na palavra,
na ciência, no interesse,
na caridade que lhes comunicamos,
distinguam-se também
na generosidade.

Segunda Carta aos Coríntios 8,7

349

A força mais potente do mundo
é a fé.

Madre Teresa de Calcutá

350

Não permitas que ninguém semeie
dúvidas em teu coração
e não entregues a ninguém
o poder que tens de realizar sonhos,
porque os teus sonhos
têm a mesma amplitude
das asas de tua fé.

Jesús María Bustelo Acevedo

351

A sensação de ausência firma em nós
um constante ato de fé:
crer que Deus está
em nossa companhia
apesar de não o vermos ou
apesar de tudo o que nos acontece.

Eduardo Casas

352

A fé é dirigida a alguém,
a uma pessoa:
é encontro amoroso
com Jesus Cristo vivo.

Luis Augusto Castro

353

A fé avança sempre no mesmo passo,
tanto em clima sereno
como na tempestade.
É semelhante ao peixe que,
mergulhado na água,
é indiferente ao mar tranquilo
ou às ondas agitadas.

Anônimo

354

Com a fé em Deus e a certeza
de seu amor pode-se facilmente
prescindir de tudo o mais.

Robin

355

Crer é saber claramente
que Deus caminha conosco,
que ele está aqui,
ainda que não o vejamos;
que ele é toda a nossa força e apoio
e que podemos confiar nele
tanto nas horas fáceis
como nas difíceis.

José Eusebio Gómez Navarro

356

A fé, a esperança e a oração
são os nossos alimentos espirituais.

Maurício Olivares

357

"Fé" quer dizer convicção,
sentimento forte,
segurança sobre a verdade
daquilo em que creio.
Não é a mesma coisa
pensar duvidando e pensar
com a força das emoções.

Enrique Amigo

358

Descansa nas mãos do Senhor
o teu fardo
e ele cuidará de ti.

Salmo 54,22

359

Não percas tua fé
diante dos obstáculos da vida.
Segue adiante,
procurando soluções.

C. M.

360

Perseverar é ter fé em si mesmo
e lutar cada dia
com mais entusiasmo,
inclusive quando as dificuldades
pareçam anular toda a esperança.

Vainjo

361

A fé desperta
no íntimo do ser humano
uma tão grande
necessidade de coerência,
que não permite espaços
para acomodação.

Sergio Jeremias de Souza

362

Confia em ti mesmo
e terás otimismo.
Confia em Deus
e terás segurança.

Altimón

363

Levanta-te e vai!
Tua fé te salvou!

Evangelho de Lucas 17,19

364

Nossa vida
deve ser uma superação
em todos os campos
da atividade humana,
mas isso só é possível
quando sabemos
escutar o Senhor.

Isaías Duarte Cancino

365

Ter fé é saber que,
depois de fazermos
o que estava ao nosso alcance,
resta-nos permitir
que tudo siga o seu curso.
É permitir que alguém que está
além de nosso entendimento
tome o nosso lugar.

Anne Wilson Schaef

Rua Dona Inácia Uchoa, 62
04110-020 – São Paulo – SP (Brasil)
Tel.: (11) 2125-3500
http://www.paulinas.com.br – editora@paulinas.com.br
Telemarketing e SAC: 0800-7010081